Cómo hacer la tarea sin morir en el intento

Trevor Romain

Ilustraciones de Steve Mark

free spirit
PUBLISHING®

Library of Congress Cataloging-in-Publication Data
Names: Romain, Trevor, author. | Mark, Steve, illustrator.
Title: Cómo hacer la tarea sin morir en el intento / Trevor Romain ; ilustraciones de Steve Mark.
Other titles: How to do homework without throwing up. Spanish
Description: Huntington Beach, CA : Free Spirit Publishing, 2024. | Includes index. | Audience: Ages 8-13
Identifiers: LCCN 2023040709 (print) | LCCN 2023040710 (ebook) | ISBN 9798885545167 (paperback) | ISBN 9798765970546 (ebook)
Subjects: LCSH: Homework--Juvenile literature.
Classification: LCC LB1048 .R5918 2024 (print) | LCC LB1048 (ebook) | DDC 371.30281--dc23/eng/20231023
LC record available at https://lccn.loc.gov/2023040709
LC ebook record available at https://lccn.loc.gov/2023040710

Editado por Elizabeth Verdick y Eric Braun
Diseño de Emily Dyer

Printed by: 70548
Printed in: China
PO#: 9170

Free Spirit Publishing
Un sello de Teacher Created Materials
9850 51st Avenue North, Suite 100
Minneapolis, MN 55442
(612) 338-2068
help4kids@freespirit.com
freespirit.com

FSC
www.fsc.org
MIX
Paper | Supporting responsible forestry
FSC® C144853

Dedicatoria

A mi maestra de segundo grado,
la maestra Varrie, que me enseñó
a amigarme con la tarea.

Tabla de contenido

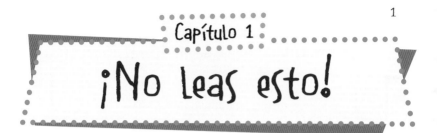

Capítulo 1

¡No leas esto!

¡Miraste! ¡Ja! Ahora que tengo tu atención, debo decirte que este libro es sobre la tarea de la escuela. Así es...

Antes de decir "Tarea... ¿quién la necesita?", piénsalo dos veces. Tú la necesitas. No existe solo para amargarte la vida.

Estas son algunas buenas razones para hacer la tarea:

- Te ayuda a practicar destrezas que todavía no has aprendido del todo. Y te ayuda a repasar destrezas que ya has aprendido.

- Te da la oportunidad de terminar actividades que no pudiste hacer durante las horas de clase.

- Te ayuda a aprender y crecer.

"¿Por qué a mí?"

Todos los que van a la escuela hacen tarea. No eres el único ni la única. Y otros chicos se sienten tan mal como tú cuando tienen que hacerla.

Los estudiantes llevan cientos de años haciendo tareas. Y durante cientos de años, la tarea ha vuelto locos a niños y adolescentes de todo el mundo.

La tarea no se inventó para arruinarte el día ni para cortarte la diversión, aunque a veces lo sientas así. Lo sé porque, mientras escribía este libro, tuve que hacer tarea para encontrar algunos de los datos que incluí aquí. La tarea se antepuso a algunas cosas que hubiera preferido hacer, y completarla llevó cierta planificación y organización. Muchos de los consejos y los trucos que usé para hacer mi tarea están en este libro.

Dejar que pase el tiempo en lugar de ir a casa y hacer la tarea se llama **procrastinar.** *Procrastinar* quiere decir buscarte mil cosas que hacer para evitar ocuparte de la tarea.

No te tires de los pelos cuando tengas que hacer tarea. (La tarea no se hará sola y tú te quedarás sin cabello).

Quienes dicen que la tarea es una pérdida de tiempo no saben de lo que hablan. Probablemente crezcan sin destrezas útiles y, de adultos, podrían terminar haciendo trabajos que en realidad no les gustan.

Muchos no se dan cuenta, pero la tarea en verdad nos hace más inteligentes. Quizá pienses: "¿Qué dices? Ni modo. Es imposible". Pero es cierto. Concentrarte en la tarea y hacerla lo mejor posible te ayudará a comprender mejor lo que estás aprendiendo y a mejorar tus calificaciones.

Parece muy sencillo. Y lo es. Hasta las personas muy pero muy inteligentes tienen que hacer tarea. Y, lo creas o no, algunas personas que antes tenían calificaciones bajas se han vuelto muy inteligentes gracias a que se concentraron en la tarea y aprendieron de ella.

No, en serio... la tarea es una pérdida de tiempo total. En cambio, los videojuegos te enseñan cosas muy útiles, como derrotar monstruos y otras criaturas...

La gran batalla por la tarea

Con un berrinche no lograrás que la tarea sea más fácil de hacer. ¡Lo más probable es que te castiguen!

¡No puedes hacer que la tarea desaparezca! No va a esfumarse por arte de magia. Si intentas deshacerte de la tarea, solo conseguirás que vuelva para atormentarte al día siguiente.

No hay forma de escapar de la tarea. Te seguirá adondequiera que vayas. Incluso hasta el Polo Norte. Termina la tarea antes de que ella termine contigo.

¡No pelees ni discutas con la tarea! Vas a perder. La mejor manera de hacer la tarea sin sentirte mal cada vez que la veas es simplemente hacerla.

De hecho, si tienes tarea en este momento, deja este libro y ve a hacerla. Te sentirás mejor después y podrás disfrutar de lo que estás leyendo sin ese pensamiento molesto en algún rincón de tu mente que dice: "Ay, no, tengo que hacer la tarea".

No culpes a las cosas de tu habitación. Por más que rompas el lápiz en mil pedazos, patees el escritorio, ataques la lámpara o le grites a tu osito de peluche, tu tarea NO se completará sola. Tienes que hacerla **TÚ.**

Por mucho que reces, implores o llores, ¡LA TAREA SEGUIRÁ PENDIENTE!

10 pésimas excusas para no hacer la tarea

Detesto ser quien te diga esto, pero las excusas solo te causarán estrés y problemas. En lugar de pensar en muy buenas excusas, usa ese tiempo para hacer la tarea.

1. NO TENGO GANAS.

2. NO HAY TIEMPO.

3. ¿TAREA? ¿QUÉ TAREA?

4. ME LA OLVIDÉ EN LA ESCUELA, EN EL AUTOBÚS, EN LA CAFETERÍA...

5. TENGO QUE MIRAR MI PROGRAMA FAVORITO.

6. NADIE ME HIZO ACORDAR.

7. LA TAREA ES MUY PERO MUY MUY MUY A-BU-RRI-DA.

8. TENGO COSAS MÁS INTERESANTES QUE HACER.

9. NO ANOTÉ LO QUE HABÍA QUE HACER.

10. MI PERRO SE LA PODRÍA COMER.

Capítulo 2

Siete consejos para empezar

CONSEJO 1 Hazla ANTES de llegar a casa

Hay algo sobre la tarea que es GENIAL. ¡Puedes hacerla en casa!

Pero eso no significa que tengas que esperar hasta llegar a casa. Si bien teóricamente se hace allí, puedes hacerla en el autobús, sobre todo si es algo como leer. Puedes hacerla en un programa extraescolar si asistes a alguno. Hasta puedes hacerla mientras esperas que empiece la práctica deportiva o las clases de canto. De hecho, siempre que estés esperando, en lugar de suspirar, mirar al techo y contar los minutos, haz un poco de tarea.

Aprovecha el tiempo libre —como los períodos de estudio de la escuela— para hacer la tarea. En la mayoría de las escuelas hay un lugar donde puedes trabajar en silencio, como una sala de estudio o la biblioteca. Pídele a tu maestro o maestra que te sugiera un lugar. Cuanta más tarea hagas durante el tiempo libre en la escuela, más tiempo tendrás para jugar y divertirte en casa.

CONSEJO 2 Haz un cronograma de tareas

Así sabrás exactamente cuándo hacer la tarea y cuándo hacer todas las cosas divertidas que no te dejan ocuparte de la tarea.

Cuelga el cronograma en el refrigerador o en tu habitación para no olvidártelo. (CONSEJO EXTRA: Evita arrugar, machacar, escupir o romper en mil pedazos el cronograma de tareas y también estornudar, vomitar y limpiarte los dedos sucios en él).

Si no, carga el cronograma en un calendario de tu teléfono, tableta o computadora. Configura el dispositivo para que te recuerde cuándo empezar.

Cronograma de tareas (modo perezoso)

De 4:00 a 7:30 Jugar afuera, alimentar al perro, cenar, jugar videojuegos, mirar videos en YouTube, alimentar al pececito, leer historietas, meterte el dedo en la nariz, quedarte con los brazos cruzados, mirar el techo todo lo posible.

De 7:30 a 9:30 Repetir lo anterior y hacer una maratón de tu nueva serie de televisión favorita.

9:30 Ir a dormir.

9:31 Mirar el techo de nuevo, acordarte de esa tarea importante que no hiciste, sudar terriblemente, comerte las uñas, rogar que haya una tormenta de nieve gigante para que no tengas que ir a la escuela al día siguiente.

Cronograma de tareas (modo inteligente)

De 4:00 a 4:30 Jugar afuera, comer una merienda rápida y saludable.

De 4:30 a 5:30 ¡Hora de la tarea! Respirar profundo, hacer la tarea, pensar mucho, estirarte, pensar un poco más.

De 5.30 a 7.00 Dejar la tarea, jugar, alimentar al perro, llamar a un amigo, cenar.

De 7:00 a 8:00 Terminar la tarea pendiente.

De 8:00 a 9:30 Tiempo libre (si terminaste la tarea).

9:30 Ir a dormir, descansar como un bebé, ¡soñar sobre lo contento que estará tu maestro cuando vea la tarea terminada!

CONSEJO 3 **Busca un ayudante de tareas**

Pídele a un buen amigo, a tus padres o a un familiar que te ayuden con la tarea. Un ayudante de tareas te facilitará las cosas.

Algunos niños y adolescentes no quieren hacer la tarea porque no quieren quedarse sin jugar con sus amigos. Seamos honestos: es posible que, a veces, *quizás*, jugar sea más divertido que hacer la tarea. Para resolver ese problema, algunos chicos buscan compañeros de tareas. Puedes buscar amigos que vivan en tu zona y empezar un club donde hagan la tarea todos juntos.

CONSEJO 4 Come un bocadillo saludable

Trata de comer algo antes de hacer la tarea. Si no estás pensando en comida, te concentrarás mejor.

ALGO PARA QUE MASTIQUES: Tu cerebro necesita combustible. Los alimentos con alto contenido de proteínas, carbohidratos y vitaminas te dan ese combustible. Los alimentos con alto contenido de grasas te dan pesadez. Las grasas son difíciles de digerir, así que hacen que la sangre permanezca en la zona del estómago y no en el cerebro (¡donde tú la necesitas!).

Alimenta tu cerebro con bocadillos saludables y bebe un vaso de agua o de leche. Las bebidas con cafeína, como los refrescos y las bebidas energizantes, te darán energía un ratito, pero luego sentirás más cansancio.

NOTA: El lápiz no es un bocadillo. Masticarlo mientras haces la tarea no es bueno para las encías. Además, te quedarán entre los dientes pedacitos de una asquerosa cosa amarilla.

Estupendos bocadillos (energizantes) para antes de hacer la tarea:

- sándwich de mantequilla de cacahuate y mermelada

- zanahorias y apio

- barra de granola

- frutas

- palomitas de maíz

- yogur

Bocadillos no tan estupendos para antes de hacer la tarea:

- dos barras de chocolate

- varias galletas con trocitos de chocolate

- una hamburguesa doble con queso y tocino, y papas fritas

- dulces viejos de Halloween

- cereales superazucarados

- una bolsa entera de papas fritas

- una bebida con mucha cafeína

PAPITAS con GRASITA

CONSEJO 5 Despeja la mente

Antes de hacer la tarea, respira profundo durante unos segundos. Deja a un lado todos los pensamientos que interfieran en tu mente.

"Tin, tin, tin".

Uy, no. El sonido de las notificaciones de un teléfono o de una tableta distrae mucho en el momento de hacer tarea. Si tienes un teléfono, apágalo o déjalo en otra habitación. Tu mente estará más despejada y la tarea será menos estresante y más fácil también. (Y nada interrumpirá la siesta de tu gato).

CONSEJO 6 Prioriza

Escoge la tarea más difícil para hacerla primero. Deja la más fácil para el final. Así, cuanta más tarea hagas, más fácil será.

CONSEJO 7 **Ve a tu zona de tareas**

Haz la tarea en el mismo lugar todos los días. De esta manera, ni bien te sientes, entrarás automáticamente en modo tarea. Con el tiempo, esto se convertirá en una rutina y te será más fácil trabajar.

Mientras haces la tarea, deja tus dispositivos electrónicos en otra habitación. Si los tienes cerca, sentirás la tentación de usarlos en lugar de hacer lo que tienes que hacer. No dejarán de llamarte. "Chsss. Olvídate de esa tarea. Ven a jugar conmigo; soy un videojuego solitario. Te enseño cómo llegar al nivel 3. La tarea es para otros, no para ti".

Capítulo 3

Nueve ideas para hacer la tarea (y vivir para contarlo)

IDEA 1 Libérate de las pantallas

No puedes mirar televisión o videos —ni jugar en el teléfono o enviar mensajitos o usar las redes sociales— y hacer la tarea a la vez. ¡No funciona! Quienes hacen la tarea y miran pantallas al mismo tiempo suelen tener el "síndrome de cuello pantalloso". (Es un tic nervioso que ocurre por voltear continuamente la cabeza hacia arriba, hacia abajo o a los lados para mirar una pantalla mientras trabajas). Cuanto más volteas, más frecuente es el tic. Y cuanto más frecuente es el tic, más volteas.

Esta horrenda afección empeora con la edad. Tener el "síndrome de cuello pantalloso" será vergonzoso cuando tengas la edad suficiente para besar a alguien y no puedas dar con la boca de esa persona.

Muchos estudiantes hacen la tarea en la computadora, tableta u otro dispositivo electrónico. Es muy tentador distraerse con estos dispositivos. ¡Cambiar de aplicación para jugar o mirar videos es muy sencillo! Para mantener la concentración, ¡tienes que ser fuerte! Haz un trato contigo mismo: durante 30 minutos, solo harás la tarea y, luego, jugarás 5 minutos como recompensa. Algunos estudiantes desactivan el wifi de sus dispositivos hasta haber completado la tarea.

IDEA 2 Baja la velocidad

¡La tarea tiene un **LÍMITE DE VELOCIDAD!** No escribas, ni a mano ni en la computadora, a más de 65 millas por hora. Si haces la tarea a una velocidad excesiva, se te pasarán las curvas, chocarás con baches y te perderás. (Además, la tarea podría prenderse fuego).

IDEA 3 Ten más paz

Si te molesta algún ruido mientras haces la tarea, diles a todos en casa: ¡SILENCIO, POR FAVOR! Si no te hacen caso, pide una reunión familiar y di: "Oigan, soy una persona responsable, comprometida con su educación. He decidido que quiero que me vaya bien. Así que... por favor, HAGAN MENOS RUIDO, ¡madre mía!".

Si no tienes control sobre el ruido, busca otro lugar para hacer la tarea. Tal vez puedas quedarte en la biblioteca de la escuela después de clases o hacer la tarea al aire libre.

IDEA 4 Date un respiro

A veces sirve que pares un poco mientras haces la tarea. Los pequeños recreos durante la tarea ayudan a refrescar la mente.

Cuando digo recreo, me refiero a un PEQUEÑO recreo de cinco minutos. No a un recreo de cuatro horas que incluye tres videos, un partido de baloncesto, dos tostadas, molestar al perro del vecino, leer todos tus libros de historietas y jugar videojuegos.

Lo mejor que puedes hacer en un recreo es moverte. Aléjate del escritorio o de la pantalla en que has estado trabajando. Haz algo físico, como dar una caminata rápida o acariciar a tu perro.

IDEA 5 No seas asqueroso

No te metas el dedo en la nariz ni te arranques el pelo de las cejas mientras haces la tarea. Lo único que lograrás con eso es distraerte.

IDEA 6 Recuerda: ¡La tarea puede ser útil!

Si quieres pedirles algo a tu mamá o tu papá, la mejor forma de que te digan que sí es usar tu tarea terminada como herramienta. Para que esto funcione, di las palabras "ya hice la tarea" después de cada oración. Si quieres obtener resultados realmente efectivos, baja el tono de voz cuando digas "ya hice la tarea". Por ejemplo: "Mamá, ¿puedo ir con mis amigos a ver la nueva película de superhéroes? Ya hice la tarea. La pasan en el cine del centro comercial. Ya hice la tarea. Y ¿me podrías llevar? porque... ya hice la tarea".

Que hagas la tarea los pone muy felices a tus padres. Si ellos están felices, tú estarás feliz y, si tú estás feliz, hacer la tarea será más sencillo.

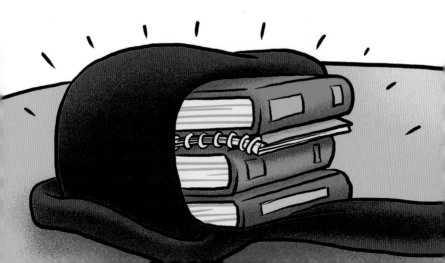

IDEA 7 ¡Lee!

Si lees, será mucho más fácil hacer la tarea. Cuanto más leas, mejor entenderás las cosas. Es algo increíble. Sin darte cuenta, te volverás más inteligente. Leer te abre la mente como una llave abre una cerradura. ¡Es automático!

Para adquirir práctica, lee de todo: buena literatura, poemas, novelas, blogs, sitios web, textos de no ficción, obras de teatro, cuentos, novelas de misterio, revistas, periódicos, material especializado, el diario íntimo de tu hermana (¡UY! ¡Es broma!), mapas, historietas, señales de tránsito, anuncios, cajas de cereal... ¡y la lista continúa!

IDEA 8 Busca ayuda si tienes alguna dificultad

A veces, los estudiantes tienen problemas para hacer la tarea porque simplemente no ven el pizarrón. Si no ves lo que escribe el maestro, quizá necesites gafas. (Cuando yo era pequeño, tuve problemas para hacer la tarea hasta que mi mamá me llevó al oculista. Mi vida cambió por completo cuando empecé a usar gafas. ¡Empecé a ver!).

A veces, quienes tienen dificultades de aprendizaje, como TDAH o dislexia, no pueden concentrarse en la tarea. En algunos casos, las distracciones se deben a otros motivos, como el acoso escolar o problemas en casa. Si hay algo que te distrae y te complica al momento de hacer la tarea, pídele ayuda a un adulto.

IDEA 9 Muestra una actitud activa

Si participas en clase, te resultará más fácil hacer la tarea porque, cuanto más te involucras, mejor entiendes lo que te están enseñando.

Capítulo 4

Algunas cosas que NO te ayudarán a hacer la tarea (y otras que SÍ)

NO es buena idea copiarte o hacer trampa en clase. En vez de hacer eso, piensa por tu cuenta. Si les pides a los demás que te den las respuestas, no entenderás el material y te resultará difícil hacer la tarea.

Si duermes en clase, ¡ni sabrás que tienes tarea!

Si te apenas...

... o te deprimes por la tarea, necesitas ayuda. Pídeles ayuda a tu maestro o a tus padres. Tal vez te sugieran estudiar con un profesor particular. Esta persona te enseñará lo que no terminas de entender y te ayudará a mejorar tus destrezas. No tengas miedo de recurrir a un profesor particular.

Algunos chicos se sienten muy mal, tristes o de mal humor gran parte del tiempo. Podrían necesitar un consejero o un terapeuta. Habla con un adulto, como uno de tus padres o tu maestro, para que te oriente sobre cómo conseguir ayuda.

Cuando hayas recibido ayuda, te sentirás MUCHO mejor con respecto a la tarea y contigo mismo.

Consumir alcohol o drogas NO te ayuda a hacer la tarea. ¡Solo te atonta!

Si tu escuela ofrece computadoras portátiles, tabletas u otros dispositivos para que los estudiantes hagan el trabajo escolar, es muy posible que debas seguir ciertas reglas. Probablemente no esté permitido jugar videojuegos en el dispositivo y SABES que no debes mirar sitios web inapropiados.

Sigue las reglas y no uses la tableta como si fuera un plato para la *pizza* o para equilibrar una mesa que tiene una pata corta. Cuida el equipo que te han confiado. De esa manera, ¡la escuela podrá seguir brindando esas herramientas geniales!

No le tengas miedo a la tarea. ¡La tarea debe tenerte miedo a **TI!** (Por el simple hecho de que puedes encargarte de ella cuando quieras).

Tu maestro no inventó la tarea, así que no trates de hacerle la vida imposible. Por ejemplo, ¡NO le pongas un enorme chicle masticado todo pegajoso en la silla!

No puedes sobornar a tu maestro con una manzana ni tampoco con un pastel de manzana casero. (Sobornar a tu maestro sería darle un regalo para que no te diera tarea). ¡Ni siquiera lo intentes!

Si con solo ver la tarea sientes ganas de vomitar, NO sufras en silencio. En vez de sufrir, habla con tu maestro. Dile: "Voy a devolver encima de toda esta tarea porque no la entiendo. Siento que me voy a desmayar, me duele la cabeza y tengo miedo de reprobar. Necesito ayuda, por favor".

Aunque no lo creas, la mayoría de los maestros no te gritarán ni te harán sentir estúpido. Los maestros te van a AYUDAR. Para eso están.

¡NO! Tu maestro no va a creerse que el inodoro se comió tu tarea. Tampoco va a creer que se la comió el perro. ¡LOS PERROS NO COMEN TAREAS! Vomitan si intentan comer algún tipo de tarea, sobre todo si es un proyecto de ciencias.

Por nada del mundo adoptes el mal hábito de no hacer la tarea. Mejor, convierte la tarea en un buen hábito, como el de cepillarte los dientes. Pronto la harás sin siquiera darte cuenta.

Capítulo 5

Cinco quejas sobre la tarea (y qué hacer al respecto)

QUEJA 1 "No tengo tiempo".

Hazte tiempo. Recuerda: ¡la tarea no es opcional!

La única razón por la que tienes que hacer tarea es porque te ayuda a entender lo que estás aprendiendo en la escuela. Es como una patineta. Las ruedas delanteras son la escuela y las ruedas traseras son la tarea. Como sabes, sería difícil patinar solamente con las ruedas delanteras, arrastrando la parte de atrás.

QUEJA 2 "No entiendo".

Pídele ayuda a tu maestro antes de que termine la jornada escolar. Haz todas las partes que puedas y luego fíjate dónde te trabaste. En casa, no tengas miedo de pedirle ayuda a un adulto o a un hermano mayor.

Muchas veces puede ayudarte internet. Tal vez la escuela o el distrito escolar tengan un sitio web para ayudar con la tarea. El sitio Khan Academy es un recurso en línea gratuito en el que puedes aprender más sobre matemáticas, ciencias y muchas otras áreas. El material se enseña mediante videos creados por expertos. Visítalo en www.khanacademy.org. También puedes probar Crash Course Kids. Este canal de YouTube tiene un montón de videos cortos y entretenidos que enseñan todo tipo de temas de la escuela primaria. (Dile a tu maestro que los videos siguen los estándares del currículo ¡y quizás te deje verlos en clase!). Visita www.youtube.com/user/crashcoursekids o www.youtube.com/@CrashCourseenEspanol.

QUEJA 3 "Nunca puedo terminar la tarea".

Averigua por qué. ¿Estás distraído? ¿Tienes dificultades en una materia determinada? Pídeles a tus maestros o a tus padres que te den consejos sobre cómo organizar tu tiempo.

QUEJA 4 "Tengo demasiada tarea".

Organízate. Haz un cronograma de tareas que diga qué harás y cuándo. Usa un calendario para acordarte de las tareas que debes entregar pronto y de aquellas para las que tienes más tiempo. ¡No procrastines! Pídele a tu maestro que te avise con antelación sobre futuros proyectos, así puedes empezar antes.

QUEJA 5 "Me olvido de llevar los libros a casa".

Todos los días antes de irte de la escuela, acuérdate de **revisar la mochila**. ¿Tienes todo lo que necesitas? Anota pequeños recordatorios en tus cuadernos o ponlos en tu casillero o tu teléfono, puedes escribírtelos en la mano... donde te venga mejor.

Asegúrate de saber exactamente qué tarea debes entregar y cuándo. Una forma segura de hacer enojar mucho a tus padres o tutores es olvidándote completamente de la tarea, de modo que tengan que llamar por teléfono a los padres de tu mejor amigo a última hora de la noche para averiguar qué había de tarea. No dejes que eso te suceda.

Capítulo 6

La increíble sensación de terminar la tarea

Algo maravilloso que pasará cuando termines la tarea es que tendrás tiempo libre para estar con tu familia y tus amigos sin esa molesta sensación de "ay, no, tengo que hacer la tarea". Después de tanto esfuerzo, disfrutarás muchísimo de ver una película, jugar *lacrosse*, publicar fotos graciosas en internet, ir a cenar o dedicar el resto del día a hacer las cosas que te gustan.

¡ADVERTENCIA! Hacer la tarea tiene efectos secundarios importantes. ¡Podrías volverte inteligente y exitoso!

No solo sentirás alivio cuando termines la tarea, sino que también sentirás orgullo. Sentir orgullo de lo que haces mejora tu autoestima. Así que, si haces un buen trabajo, de verdad te sentirás genial con tu persona y con tus logros, todo a la vez.

Siete recordatorios rápidos

- Haz la tarea siempre en el mismo lugar. Asegúrate de que sea un lugar tranquilo y que la televisión y otros dispositivos estén apagados.

- Come un plato saludable o un bocadillo liviano antes de hacer la tarea.

- Haz la actividad más difícil primero.

- Pídele ayuda a tu maestro cuando lo necesites. (CONSEJO: Hazlo mientras estés en la escuela. Llamarlo por teléfono desesperadamente a medianoche NO es buena idea).

- Busca un ayudante de tareas si lo necesitas. Podría ser un buen amigo, un compañero, un hermano o uno de tus padres. (Tu pececito no puede ayudarte con la tarea).

- Pídele a tu familia que respete el momento en que haces la tarea. Si quieres, pon un cartel de "no molestar" en la puerta (o póntelo en la frente).

- Toma pequeños recreos durante la tarea. Ponte de pie, estírate, bebe agua, come un bocadillo energizante o haz 10 saltos de tijera: cualquier cosa que te ayude a seguir.

Lo más lindo

Lo más lindo de hacer la tarea es la sensación que tienes cuando la TERMINAS.

No hay nada mejor que esa sensación. Esa tarea ya se fue. Se acabó. ¡Fuera de aquí! Es como despertarse de un sueño estresante. Si detestas hacer la tarea, trata de pensar en lo bien que te sentirás una vez que esté hecha.

Hacer la tarea lo mejor posible te ayudará, algún día, a llegar lo más alto que puedas ¡y lo más lejos que quieras!

Índice

Acerca del autor y el ilustrador

Cuando **Trevor Romain** tenía 12 años, su maestra le dijo que no tenía talento para el arte. Por accidente, 20 años después, descubrió que dibujaba bien. Desde aquel afortunado día, ha escrito e ilustrado más de 50 libros infantiles y juveniles. En todo el mundo se han vendido más de un millón de ejemplares de sus libros, que se han publicado en 18 idiomas. Trevor también visita escuelas, hospitales, campamentos de verano y bases militares de todo el mundo haciendo monólogos humorísticos que transmiten mensajes inspiradores de autoayuda a cientos de miles de niños y adolescentes.

Trevor, a quien le apasiona ayudar a los jóvenes a afrontar y superar retos difíciles, fue presidente de la American Childhood Cancer Organization y es muy conocido por su trabajo en organizaciones como Make-A-Wish Foundation, las Naciones Unidas, UNICEF, USO y Comfort Crew for Military Kids, de la que es cofundador. Ha actuado en numerosas giras de la USO, ha visitado a ex niños soldados y trabajado con ellos y en campos de refugiados y orfanatos, y ha colaborado con las Naciones Unidas elaborando material educativo para niños que viven en zonas de conflictos armados.

Steve Mark es ilustrador independiente y también trabaja parte del tiempo como titiritero. Vive en Minnesota, está casado y es padre de tres hijos. Steve ha ilustrado todos los libros de la serie Laugh & Learn®, incluidos *Don't Behave Like You Live in a Cave* y *El acoso es algo muy doloroso*.

Para conocer más títulos de la serie Laugh & Learn® de Free Spirit, visite freespirit.com.